LA
DOCTRINE CHRÉTIENNE

DU

CITOYEN FRANÇAIS

PARIS

V^{or} PALMÉ, ÉDITEUR DES BOLLANDISTES

25, rue de Grenelle, 25

—

1877

LA
DOCTRINE CHRÉTIENNE

DU

CITOYEN FRANÇAIS

PARIS

V^{or} PALMÉ, ÉDITEUR DES BOLLANDISTES

25, rue de Grenelle, 25

—

1877

LA DOCTRINE CHRÉTIENNE DU CITOYEN

Appel à la presse catholique

Andiamo al fondo.

Je suis catholique, non pas à la façon de ces catholiques sincères, qui, sous l'Empire, préparaient par des brochures la spoliation du souverain Pontife, mais catholique avant tout, logique jusqu'au bout, catholique radical, si l'on veut, ou théocrate.

Dieu m'a fait cette grâce qu'après avoir bien cherché le meilleur gouvernement, j'en suis arrivé à la première définition du catéchisme : « Dieu est le Créateur, le Conservateur et le souverain Seigneur de toutes choses. »

Fidèle, je l'espère, jusqu'au dernier de mes jours, au précepte de Notre Seigneur Jésus-Christ, je lui demanderai « *que son règne arrive, que sa volonté soit faite sur la terre comme au ciel.* »

Jésus-Roi, c'est la doctrine de l'Église catholique (1).

Jésus-Roi, c'est le dogme de la société chrétienne (2).

Jésus-Roi, c'est la base de ce que j'appelle la *doctrine chrétienne du citoyen*

Je cherche maintenant un traité de cette doctrine qui soit émané de la bouche de nos vénérés évêques, nos guides dans la foi; je cherche une règle de conduite à l'usage spécial des catholiques de France, et j'avoue que je ne la trouve pas.

Les évêques, *episcopi,* c'est-à-dire surveillants du troupeau fidèle, gardiens des brebis de Dieu, doivent, paraît-il, des égards à messieurs les loups.

Dans la situation précaire que la révolution a faite à l'Église de France, la prudence doit tenir lieu de force et toute vérité n'est pas bonne à dire. On veut des chiens qui n'aboient pas; encore un peu, on demandera des chiens qui hurlent avec les loups; s'il s'en trouvait, à qui le troupeau pourrait-il se fier

Si la chaire sacrée est réduite au silence, il reste une tribune qui passe encore pour libre parce qu'elle a servi d'estrade à la révolution et que celle-ci n'ose pas la briser, c'est la presse.

(1) Les mots *Regnum meum non est de hoc mundo* ne peuvent pas faire équivoque; ils signifient « *mon royaume ne m'a pas été donné par les hommes;* » toute autre interprétation est un contre-sens.

(2) « *Dominus Noster Jesus-Christus Rex Regnantium* » (légende de toutes les monnaies d'or de l'Empire Romain d'Orient.

« *Christus regnat, Christus vincit, Christus imperat* » (légende de toutes les monnaies des rois de France.)

Tant que le journalisme catholique ne sera pas étranglé nous lui demanderons de professer et de défendre la *doctrine du citoyen chrétien*. Après cela nous descendrons aux catacombes.

Dès les premiers pas nous nous heurtons contre la formidable question du principe de l'autorité civile; dès le premier pas nous constatons l'incompatibilité de la doctrine chrétienne et de la doctrine révolutionnaire.

Pour le chrétien, l'autorité émane de Dieu; pour le révolutionnaire, l'autorité vient des hommes.

Pour le chrétien, un chef est un père; pour le révolutionnaire, un chef est un serviteur.

L'état chrétien est le développement de la famille patriarcale; l'état révolutionnaire est l'agglomération d'hommes liés par le contrat social.

Dieu a fait une hiérarchie parmi les hommes; le mari a des droits légitimes sur sa femme, le père sur ses enfants, l'aîné sur le cadet, le chef sur toute la famille, le maître sur le serviteur, et, quand la famille s'est agrandie au point de devenir une nation, l'héritier du chef le remplace dans ses prérogatives. Tous ces droits, comme les droits spirituels que confèrent les ordres sacrés, constituent le droit divin, la plus haute formule du droit naturel. Tous ces droits ont des devoirs corrélatifs, devoirs d'assistance, de protection, d'amour, d'exemple. Tous ces droits sont sanctionnés par un commandement de Dieu : « *Tes père et mère honoreras, afin de vivre longuement.* » Tous ces droits procurent à la société qui les accepte une merveilleuse garantie de stabilité, avec le respect à la base et la majesté divine au sommet.

Tel était l'édifice de la société chrétienne que nous ont léguée nos pères. Plaçons en regard la formule de la société révolutionnaire.

Nul homme n'a de droits sur un autre homme. Dans les forêts du monde préhistorique, un pacte offensif et défensif a été conclu entre les misérables êtres humains las de s'entretuer pour vivre et forcés de se liguer contre la nature. Tombés du singe, ces rois sans peuples et ces fils sans pères, tous égaux dans leur majesté brutale, ont inventé la société. Toute hiérarchie humaine vient des hommes ; le mandataire est toujours révocable, l'autorité toujours discutable ; le droit du chef est d'obéir, son devoir est de plaire. Le dieu qui gouverne est le nombre, la sanction de l'autorité est la force ; le nombre et la force priment tout droit. Les valets du peuple règnent sur lui, le respect n'existe pas ; sous l'étreinte de la terreur et de l'oppression, le faible tremble, la minorité conspire ; l'équilibre social est toujours instable ; chaque flot d'un océan de haines et de convoitises menace, avec la paix, la fortune et la vie des citoyens, la civilisation que ces sauvages érudits et sophistes ont envahie à main armée.

Voilà la doctrine et la pratique du contrat social, en face de la cité bâtie sur le rocher de Pierre, avec le Décalogue pour appareil, l'Évangile pour couronnement et Dieu pour architecte.

Voilà le Kulturkampft en face de la vieille catholicité qu'il espère détruire. Le plat valet du grand Frédéric, Voltaire, a fait souche, et les reptiles de M. de Bismarck foisonnent.

Dans la république chrétienne, le roi, père du peuple, est exactement ce qu'est dans la famille chrétienne le père, roi de la maison.

La maison qui chasse son père est une maison maudite, ruinée.

La nation qui chasse son roi est déshonorée, décapitée, détruite.

C'est un édifice sans toiture, une voûte sans clé, un *impluvium* de misères et de châtiments.

Aucune voix autorisée dans l'Église n'enseignera que le quatrième commandement du Décalogue ne s'applique pas au roi légitime, aussi bien qu'au père.

Pourquoi ne pas dire alors que le Décalogue est incompatible avec la révolution? Ce serait plus sincère. La révolution, elle, le sait et ne le cache pas.

Ainsi se trouve éliminé de la *doctrine chrétienne du citoyen* tout ce qui constitue le droit révolutionnaire, le contrat social, la domination du nombre, la primauté de la force; et la grande loi qui condamne à mort la révolution est celle-là même qui, malgré les schismes et les hérésies, régit encore le monde civilisé.

Je sais tout ce qu'on peut opposer au principe d'autorité légitime et héréditaire.

Depuis les premières familles qui ont peuplé le globe terrestre jusqu'à notre société moderne, des changements de dynasties, des conquêtes, ont bouleversé l'économie du droit divin et patriarcal.

Je sais que la forfaiture et l'inutilité des rois attirent l'épée des conquérants ou justifient l'émancipation des peuples chrétiens; qu'une légitimité périt par l'abus de la part du prince, par l'extinction d'une race, peut-être même par l'abandon absolu de la part des sujets.

Mais je sais aussi que Dieu s'est servi de son Église pour sanctionner ses décrets sur le gouvernement des hommes; que l'onction librement faite par le Vicaire de Dieu retrempe et confirme la consécration du droit divin; je sais que, pour l'Église catholique, l'héritier des rois sacrés est l'héritier de la royauté légitime; que le Roi est le Roi alors même qu'il est injustement spolié; qu'à lui s'applique le précepte: « *Tes père et mère honoreras;* » que son droit reste intact tant qu'il n'a pas forfait et tant qu'un de ses sujets le réclame; qu'il n'y a pas de droit contre le droit; qu'on ne peut pas plus spolier le sujet de son Roi que le Roi de sa couronne.

Je sais encore que nous sommes tenus non-seulement à observer les commandements de Dieu, mais encore à dépenser toutes nos facultés pour les faire observer; l'ordre du monde est à ce prix; dans la main du Créateur chaque molécule prend son pôle et attire la masse, et dans le courant d'amour qui part du calvaire, une âme n'accomplit ses fins qu'à la condition de se consumer pour entraîner les autres.

Ainsi, dans le catéchisme du *citoyen chrétien,* il faut inscrire ce précepte fondamental : honorer le Roi légitime, consacrer toute son âme et toutes ses forces à lui faire rendre les droits qui lui appartiennent.

Et si j'exerçais l'insigne fonction de ministre des autels, je proclamerais cela jusqu'à ce qu'on me cloue les lèvres, parce que, chargé d'instruire un peuple, je n'aurais pas le droit de supprimer un commandement, parce qu'on n'est pas prêtre pour taire la vérité.

« Le Décalogue, disait naguère dans une réunion un prêtre éminent du clergé de Paris, le Décalogue est un char à dix roues, qui, en France, porte triomphalement la monarchie légitime. »

Cette parole est entièrement exacte.

Ce qui était vérité hier ne saurait être mensonge aujourd'hui. Une émeute triomphante, le hazard d'un suffrage basé sur un contrat social qui n'existe pas, la folle girouette de l'opinion agitée par les souffles salariés de la convoitise et de l'orgueil ne peuvent rien contre le droit public d'un peuple, rien contre le droit de naissance d'un roi, sanctionné par l'Eglise infaillible au nom du Dieu tout puissant.

La vérité se met au cachot, elle ne se met pas en loterie dans l'urne d'un scrutin.

Elle plâne au-dessus de la tempête, elle ne se vend pas à l'encan.

Sous les fers qui l'étreignent, sous l'avalanche qui l'écrase, elle reste ce qu'elle est ; le citoyen de la république chrétienne lui rendra témoignage jusqu'au dernier souffle de sa vie, et, s'il succombe avec elle, de témoin il deviendra martyr, ce qui est la même chose, autrement il serait apostat, car sa loi contient ce précepte : « *Faux témoignage ne diras ni mentiras aucunement.* »

Si les droits du Roi sont légitimes, comme c'est établi, la nation qui les viole est injuste ; elle déserte les chemins de l'honneur et s'engage dans les routes perdues de l'aventure et de la piraterie.

Si le dernier des citoyens réclame son bien, son Roi, son père, l'honneur et le bonheur de sa patrie, ceux qui lui dénient la justice ne sont plus qu'une bande de brigands abusant odieusement de la force et du nombre.

En vérité, il faut être sous le règne de Satan pour entendre qualifier de brigands les nobles défenseurs de toutes les légitimités spoliées.

Ici encore, pas de compromis, pas de transaction entre le citoyen chrétien et la révolution, car le Décalogue dit formellement : « *Le bien d'autrui tu ne prendras.* »

Et le chrétien ne se contentera pas de protester, car on est le complice tacite d'un vol quand on en reste l'impassible témoin. Il criera au voleur de toutes ses forces ; il courra sus au forban ; il s'armera au besoin pour défendre le droit, et il fera son devoir. — « Vous allumez la guerre civile ! » lui crieront les bandits. — « Non, répondra-t-il, je fais le gendarme ; je ne trouve pas de justice, je fais la justice moi-même. »

« — Mais de quoi te plains-tu ? dira cette voix doucereuse qu'entendirent Ève au Paradis et le Christ sur la montagne,.je viens t'affranchir ; prends cette parcelle de la couronne royale, vois comme elle brille ! comme l'humanité est grandie ! comme l'homme marche bien seul ! viens au scrutin : le Roi, c'est toi. » — Et le citoyen de la république chrétienne répondra : « Retire-toi, Satan, car il est écrit : « *Biens d'autrui ne convoiteras pour les avoir injustement.* »

Il ira voter pourtant, non pour se décorer d'une royauté qu'il récuse, mais pour conjurer, si c'est possible, le péril de l'Église et de la patrie ; muni du cathéchisme du vénérable évêque de Gap, il se présentera au comice, sans foi, sans amour, et malheureusement sans grande espérance.

Est-ce que sa foi n'est pas liée par les serments de sa race ? Vingt générations de ses aïeux ont voué leur sang à la fidélité, alors que le serment était une chose sainte. Est-ce que le capital d'honneur et de grandes traditions qui constitue la France n'a pas été acquis sous le bénéfice de ces serments ? Est-ce que le serment d'un père est un héritage qu'il est loisible de renier ou de n'accepter que sous bénéfice d'inventaire ? N'existe-t-il pas des legs de famille, des obligations originelles qu'on doit remplir quand on n'est pas insolvable, sous peine d'insulter aux cendres de ses pères et d'être banqueroutier d'honneur ? Le Décalogue ne dit-il pas : « *Dieu en vain tu ne jureras ?* » Et puisque nos pères ont vécu pour nous comme nous vivons pour nos enfants, notre race ne sera-t-elle pas maudite si nous la parjurons ?

Et cet autre précepte du Décalogue : « *Tu ne tueras pas* » n'établit-il pas un mur infranchissable entre la doctrine du citoyen chrétien et le droit révolutionnaire qui a commencé par assassiner le meilleur des rois et qui s'est frayé le triomphe par la guillotine, les fusillades, les noyades, les massacres, les guerres de rues, les boucheries humaines et les levées en masse ?

Faut-il poursuivre ce parallèle du Décalogue et de la révolution ?

Un seul Dieu tu adoreras, dit le Décalogue. — La révolution fonde, sur la génération spontanée couronnée par le contrat social, une société sans Dieu ; elle n'adore que l'homme.

Les dimanches tu garderas. — N'ayant pas de Dieu, la révolution peut-elle connaître le jour du Seigneur ?

Luxurieux point ne seras. — Mutiler les instincts de l'homme, c'est, pour l'esprit révolutionnaire un crime de lèse-majesté humaine ; la continence est réputée une révolte contre la nature ; la prostitution est réglée, protégée ; la débauche paie patente ; les filles perdues, qualifiées filles soumises, sont en quelque sorte fonctionnaires publics.

L'œuvre de chair ne désireras qu'en mariage. — La révolution crée une parodie du mariage, substitue l'état civil au sacrement, le magistrat municipal au prêtre.

Il est inutile de poursuivre ce parallèle. La doctrine chrétienne est incompatible avec la révolution.

La révolution exalte tout ce que l'Église condamne, elle combat tout ce que l'Église conseille.

La parole infaillible et intrépide du souverain Pontife a définitivement fermé la bouche par le *Syllabus* aux hommes dont l'esprit pusillanime ou le caractère mal trempé se laissait entamer par le contact de la révolution.

Le métal pur de la doctrine chrétienne ne saurait subir d'oxydation ; on n'associe pas Dieu et Satan, la vérité et le mensonge, l'eau et le feu. L'eau qui fait le baptême doit éteindre le feu ou être distillée pour perdre ses souillures.

Cette doctrine est radicale, elle est intransigeante ; c'est vrai ! Mais si la vérité transigeait avec le mensonge elle cesserait d'être la vérité ; si la ligne droite se mariait avec la ligne oblique, elle ne serait plus la ligne droite.

L'Église de Dieu subit la violence, elle ne déserte pas la vérité. Si elle pouvait défaillir, elle ne serait plus infaillible.

La force brutale ou de graves considérations morales pourront agir sur elle et rendre sa doctrine momentanément impraticable, nous ne le contestons pas, mais nous établissons des principes et nous réservons la possibilité pratique, nous traitons une question de droit, non pas une question de fait, et, derrière les nuages, nous cherchons le soleil.

L'Église peut attendre l'opportunité, elle ne renonce pas à ses principes.

Je demande donc à la presse catholique, je demande surtout à nos évêques, si l'on me concède ce point : que le catholicisme, en France spécialement, est l'antipode de la révolution.

Ma question est claire et brutale.

Peut-on, en France, être catholique et révolutionnaire ?

J'écarte la question de bonne foi. Oui, certes, on peut être, par ignorance, honnête républicain français et très-bon catholique ; je mets l'erreur hors de cause. J'admettrais même, en réservant les décisions de l'Église sur ce point, qu'on peut se sauver dans toutes les religions. J'admets que l'homme n'est pas responsable de son ignorance quand il n'a pas pu s’instruire ; mais cette circonstance, atténuante pour les âmes égarées, deviendrait aggravante pour les pasteurs négligents. La charge des âmes est lourde et elle comprend le devoir d’instruire.

Je pose la question d’une autre manière :

Ceux qui ont mission d’instruire peuvent-ils enseigner que l’Église se désintéresse de la politique ?

Je la pose formellement, et je demande la réponse.

L’Église peut-elle se désintéresser d’un seul commandement de Dieu ?

Peut-elle se désintéresser de la violation des dix articles du Décalogue, de la justification des sept péchés capitaux, du mépris de sa doctrine, de l’exaltation des théories condamnées par le Syllabus, de la négation absolue du surnaturel ?

Une mère peut-elle se désintéresser du salut de ses enfants ?

Non, non, non, non !

L’Église s’accommode de toutes les formes de gouvernement, et elle les bénit.

C’est vrai ; mais à une condition : c’est que ces formes soient justes et ne violent pas sa loi.

L’Église pardonne au voleur repentant, mais elle lui ordonne de restituer quand il le peut. Dans son indulgence, elle efface la faute, elle justifie même le coupable, mais le pardon est subordonné à la réparation et la justification n’est que suspensive.

L’Église bénit les républiques qui ne sont pas fondées sur la révolte et sur la spoliation ; elle bénit les couronnes qui ne sont pas usurpées ; elle bénit les autonomies librement octroyées par les rois ou concédées par des pactes internationaux. Les Hébreux ont été gouvernés par des Juges, et, quand ils demandèrent un roi, le pontife commença par les prévenir des inconvénients du régime qu'ils voulaient se donner. L'Église sanctionne les déchéances des rois révoltés contre Dieu et mauvais gardiens de leurs peuples.

Jamais elle ne traitera librement et sans réserve avec le peuple injuste, avec la famille révoltée contre son père.

Elle cherchera un *modus vivendi ;* elle transigera, dans la pratique, comme un père transige avec le fils coupable pour éviter sa plus grande perte ; comme ce père, elle aura encore des bénédictions pour l'enfant égaré. Sa bonté aura des concordats même avec les nations révoltées contre elle, parce qu'elle ne renonce jamais à l'espoir de sauver les âmes, parce qu'elle cherche jusqu'au milieu des loups la brebis égarée.

Mais quelles que soient les concessions arrachées à sa bonté ou les conditions d'opportunité imposées à sa sagesse, jamais elle ne cède sur les principes. Jamais, jamais.

Et, comme la *doctrine du citoyen chrétien* est un exposé de *principes,* il faut bien prendre son parti de poser cette règle nette et stricte :

Un catholique, en France, doit être légitimiste.

Tout catholique qui n'est pas légitimiste peut être de bonne foi, mais il est assurément dans l'erreur.

Tout homme qui a mission d'enseigner doit l'avertir.

Il n'est pas permis à un prêtre, à plus forte raison à un évêque, d'enseigner une autre doctrine.

Le *silence,* c'est-à-dire l'abstention d'affirmations publiques est le seul *modus vivendi* auquel les circonstances puissent condamner ceux à qui Jésus-Christ a dit : *paissez mes brebis — allez, instruisez toutes les nations.*

En dehors des manifestations publiques, ils peuvent, ils doivent affirmer la doctrine.

J'expose ces déductions dans une langue claire, rationnelle, exempte d'équivoques.

Si je me trompe, qu'on m'arrête, qu'on me montre le point où ma raison s'écarte de la logique ou de l'orthodoxie.

Si je ne me trompe pas, qu'on prenne au sérieux mes conclusions ; qu'on ne condamne pas ma voix, ce serait la vérité qu'on étoufferait.

Dieu est logique dans la vérité, et Satan est logique dans le mensonge. Qui donc croirait à la mission divine de l'Église si elle étouffait la vérité quand la révolution dont la doctrine vient de Satan, affirme ses mensonges ? Que deviendrait la promesse de Dieu : que l'enfer ne prévaudra point contre l'Église ? Où serait la sécurité des consciences qu'elle doit enseigner ?

Et quoi ! âmes inébranlables et cœurs fidèles, vous auriez donné vos vies, sacrifié vos biens, ruiné vos familles, abdiqué vos droits civiques, seuls tenants de la justice au milieu de la cohue révoltée, seuls tenants du droit au milieu de l'iniquité triomphante, vous auriez vécu comme des ilotes et des suspects dans votre pays, écrasés par les dénis de justice, honnis dans les villes et dans les campagnes, bravés par le dernier des va-nu-pieds, mis hors l'opinion, traînés sur la claie de la risée publique; votre cons-science serait votre unique rempart, la barque de Pierre, où Jésus semble dormir, votre divine sauve-garde, et, après un demi-siècle d'immolation, vous entendriez les voix qui parlent au nom de Dieu pro-clamer la justification de la révolte et vous mettre au rang des perturbateurs de la patrie?

Et vous, noble et saint fils de nos Rois, vous, notre père et notre espoir, qui n'avez failli ni à l'Église, ni à vos sujets, ni aux principes de salut incarnés en vous; qui ne fûtes ni orgueilleux devant Dieu, ni lâche devant la révolution; qui gardez votre âme haute et notre drapeau sans souillure; vous, l'image du Christ; comme Lui, Roi par la naissance, proscrit et fugitif dès le berceau; comme Lui, tenté un jour et resté fidèle, quand vous avez refusé d'être le Roi de la Révolution; comme Lui tour à tour conspué par la vile populace, délaissé par vos amis et trahi par les Judas; vous, qu'élèvent aux honneurs du martyro-loge, par une dérision suprême, ceux-là même qui consomment votre martyre, et que, par une dernière insulte, ils chargent de toutes les responsabilités; dans le lourd exil où s'usent vos jours, vous n'entendriez de l'Église de Dieu que les navrantes défaillances tant pleurées par saint Pierre : « *Je ne connais pas cet homme-là !* »

Non, cela ne serait pas juste ! non, cela n'est pas possible !

Je le sens, je l'affirme, comme j'affirme la lumière, comme j'affirme le feu qui me brûle, comme j'affirme ma pensée, mon existence, Dieu, sa justice et sa bonté.

Si je me trompe, je ne puis plus rien croire, ma raison est perdue, il faut me mettre avec les fous.

Si je raisonne mal qu'on m'éclaire; je suis de bonne foi, je demande la vérité, et l'Église est instituée pour me la donner.

Mes propositions se tiennent comme les mailles d'une chaîne; je cherche en vain l'anneau mal soudé, qu'on me le montre.

Je demande avec respect la lumière à ceux qui doivent m'éclairer.

Je demande avec instance le courage à ceux qui doivent confesser la vérité.

Les questions que je pose m'intéressent comme chrétien, comme homme et comme français.

Elles m'intéressent comme père, dans la mission sacrée d'instruire mes enfants.

La paix de ma conscience est à ce prix. Le bien-être, la fortune, les amis, la famille, la vie, la patrie même, oui, la sainte et chère patrie, tout est secondaire à côté de la grande affaire du salut.

Je suis catholique ; l'Église catholique ne peut laisser le trouble dans la conscience de ses enfants ; elle ne peut se désintéresser de ce qui intéresse leurs âmes.

Je suis Français ; la France, fille aînée de l'Église, ne peut être abandonnée par elle, sans boussole, au milieu de la tempête.

Parce que je suis catholique et Français, je suis légitimiste.

Si je n'étais pas légitimiste, je me croirais mauvais catholique et mauvais Français.

Si mes questions sont délicates ou brûlantes, c'est une raison pour les résoudre.

Si elles sont importunes ou inopportunes, ma conscience les croit impérieuses.

Importunes ! et depuis quand l'Église redouterait-elle de confesser la vérité ?

Inopportunes ! c'est autre chose. Oui, de deux maux on peut, on doit choisir le moindre. Taire la vérité n'est pas soutenir le mensonge, et, si le silence était une condition de paix pour l'Église de France, alors peut-être il serait justifiable.

C'est là une nouvelle face de la question, la dernière que je veux examiner.

L'Église de France perdrait-elle beaucoup à confesser sa doctrine politique ?

Serait-elle plus persécutée si l'on ne nommait pas tel évêque qu'on dit bonapartiste, tel autre qu'on dit orléaniste, tel autre qu'on dit républicain ; s'il n'y avait pas de catholiques libéraux, si la vigne de Dieu n'était pas ravagée par le phylloxera de la Révolution?

Je ne le crois pas.

L'esprit du mal est clairvoyant, les réticences ne le trompent pas.

Je le répète, lui seul est logique, après et contre Dieu. Il garde dans sa déchéance les reflets de sa majesté d'archange.

La révolution ne compte pas sur ceux qui donnent une main à Dieu et l'autre à Satan. Satan veut qu'on soit tout à lui, mais il n'est pas le maître; son sort est d'être l'éternel vaincu.

Dans la guerre actuelle qu'il fait à l'Église, il a peur et il fait peur.

Il a peur de réveiller le bon sens public en montrant sa véritable face d'implacable persécuteur. L'orgie de son triomphe ne durerait qu'une nuit, il le sait, il n'ose pas tout-à-fait triompher.

Il fait peur aussi à ce troupeau de courtisans qui veulent bien se servir de lui, mais qui ne veulent pas lui appartenir. Ces gens-là sont de plats trembleurs; les gros ont peur pour leurs millions, le fretin craint l'heure de la justice.

Tout homme qui, de près ou de loin, pactise avec la révolution grossit ce vil troupeau.

Les esprits entamés amoindrissent la force de l'Église, mais sont de mauvaises recrues pour Satan.

Entre le ciel et l'enfer, il y a cette immense foule

de consciences dévoyées et de caractères vermoulus qui n'ont pas moins peur du diable que de Dieu. C'est le nombre ; c'est l'armée des partis. Elle exécute ses grandes manœuvres sur les plans de stratégistes occultes, sceptiques ambitieux à qui peu importe de monter sur Dieu ou sur le diable pourvu qu'ils montent. On connaît ces gens-là, toujours les mêmes. Ils seraient donneurs d'eau bénite si la place n'était pas prise ; ils servent le diable parce que le bon Dieu les connaît et ne veut pas d'eux. Ils sont mal à leur aise et tremblent comme des voleurs. Notre panique fait leur aplomb, notre assurance les démonte.

Et c'est de ces méprisables exploiteurs de la faiblesse humaine que nous aurions peur, nous les fils des martyrs !

A ceux qui cachent leurs hypocrites figures, nous craindrions de montrer nos fronts d'honnêtes gens !

Allons donc ! Ils rentreront sous terre quand nous aurons déchiré leurs masques.

Et, d'ailleurs, que peuvent-ils contre nous ?

Quand ils auront assassiné mille 'otages, auront-ils assassiné la vérité ?

Quand ils auront fermé les églises, auront-ils étouffé les consciences ?

Qu'on se rassure, ils savent leur histoire ; la persécution est un gros jeu, un jeu à qui perd-gagne ; leur mise est plus forte que la nôtre, la tête y va avec la bourse, et la tête d'un duc ou celle d'un gros bourgeois n'est pas mieux attachée que celle d'un ignorantin ; ils seront prudents.

Quant à nous, chrétiens, soyons fermes, serrons nos rangs, défendons notre doctrine pied à pied ; que l'Église soit un roc au milieu des marais de fange, et tous les justes viendront s'y réfugier.

Quand les radicaux de la droite et de la gauche, quand tous les caractères fortement trempés soit pour le bien soit pour le mal, se seront ralliés au calvaire du Christ ou à la montagne de la révolution, les batraciens du marécage ne coasseront plus, Satan sera seul en face de Dieu et sa montagne disparaîtra dans l'abîme.

PONTON D'AMÉCOURT.

VILLE-D'AVRAY. — IMP. SOUSSENS ET Cie.

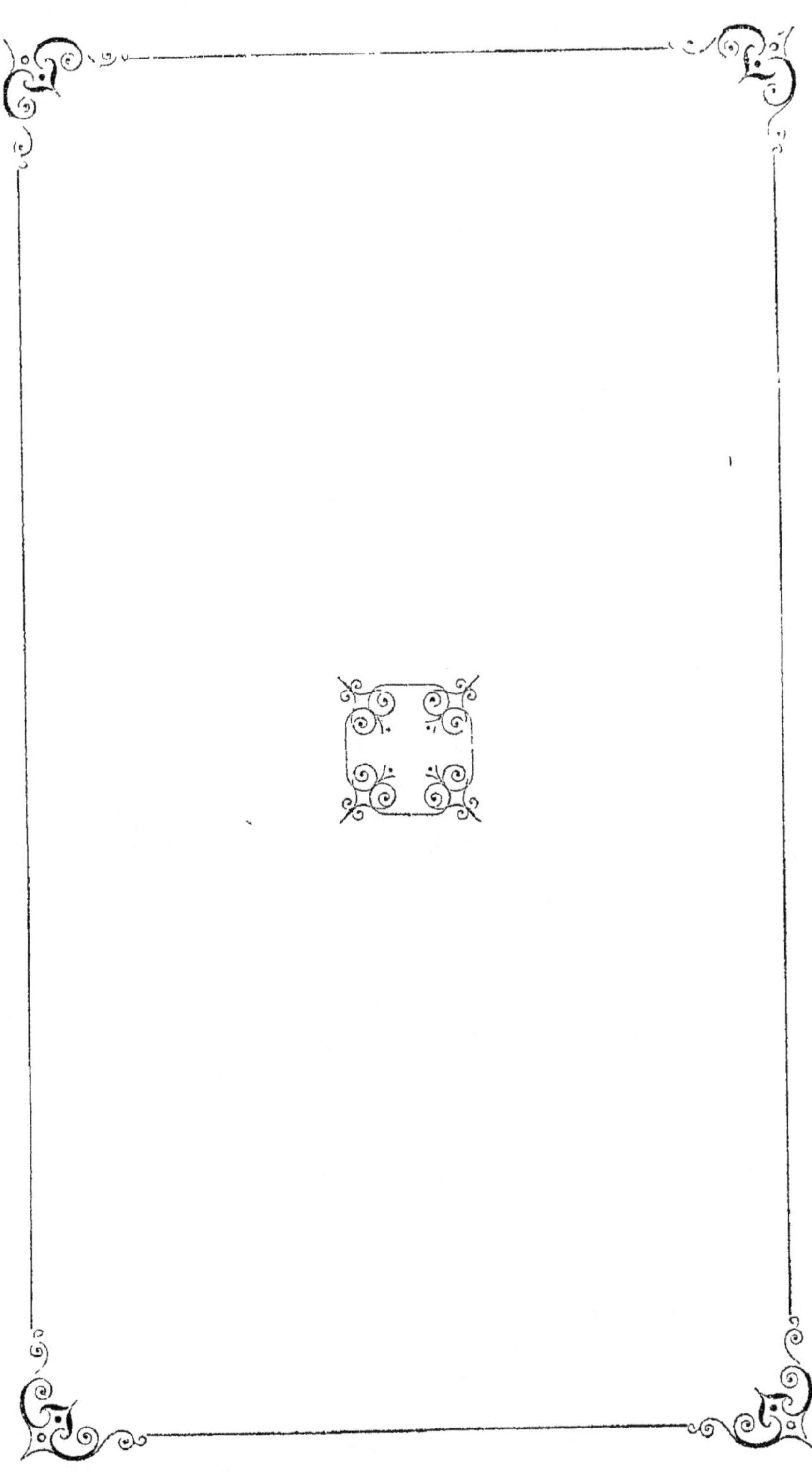